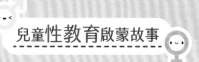

兒童性教育啟蒙故事

U0106208

別怕！
大聲說不可以

湖心 著
果子 繪

新雅文化事業有限公司
www.sunya.com.hk

人物介紹

小猛獁

瑤瑤

可愛恬靜，害羞，
容易臉紅。

劉小朗

做事認真，熱愛學習。

小薪

性格爽朗，做事粗心大意。

小魚兒

性格小心謹慎。

寶森

逗趣，幽默，是班裏的
開心果，很會關心照顧人。

核桃、芝麻

調皮搗蛋，好奇心強，
觀察力強。

甜甜

開朗爽快，充滿運動細胞。

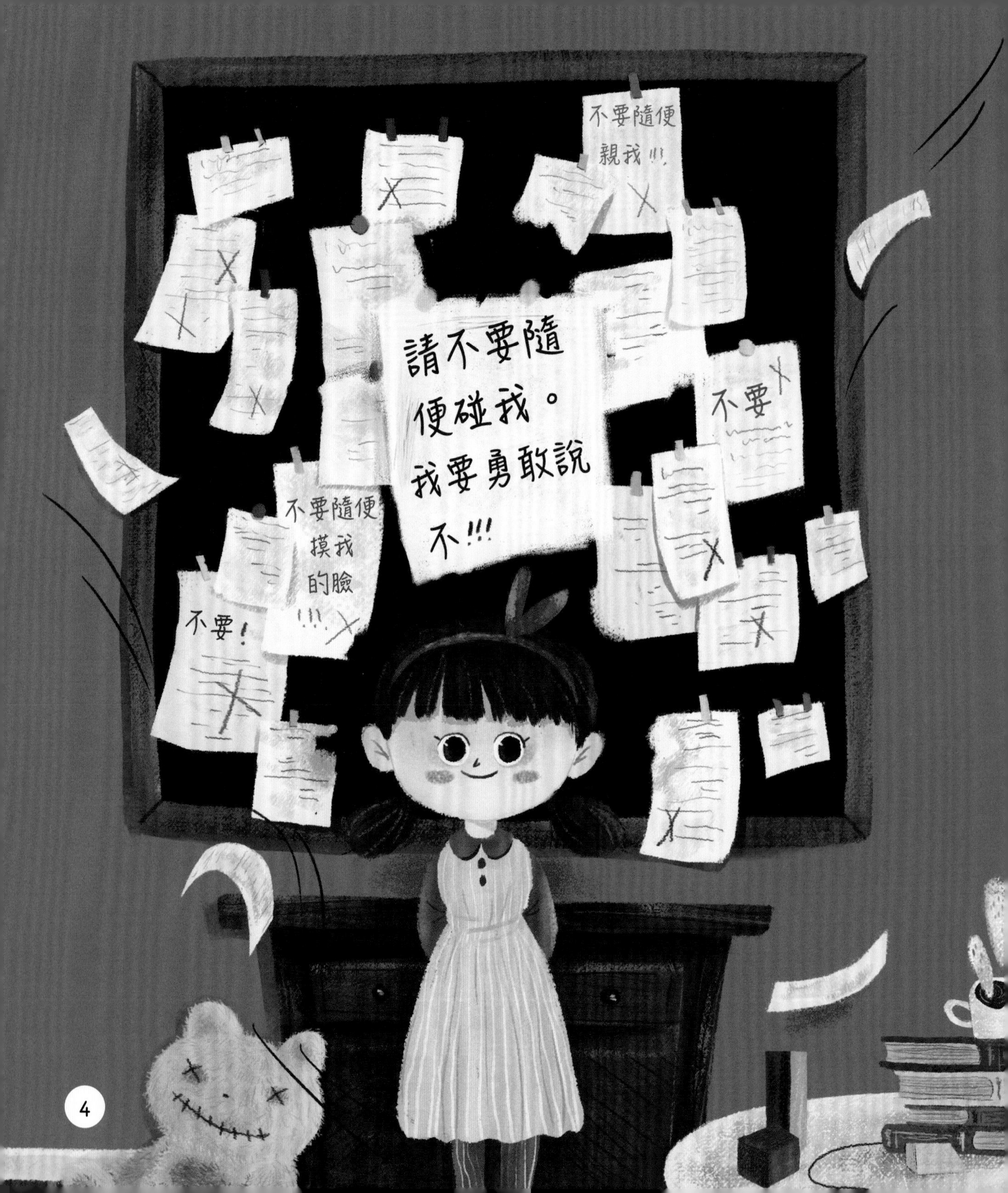
不要隨便
親我!!!
請不要隨
便碰我。
我要勇敢說
不!!!
不要
不要隨便
摸我
的臉
!!!
不要!

瑤瑤從小到大都是人見人愛的孩子，紅撲撲的小臉蛋，圓溜溜的大眼睛，看起來就像一個洋娃娃。大人看到瑤瑤，都忍不住親親她、抱抱她，稱讚她長得可愛、漂亮。

　　可是，有時候，瑤瑤並不喜歡這樣。比如⋯⋯

瑤瑤爸爸有一位同事——大個子叔叔，他經常會來家裏找爸爸下象棋。大個子叔叔當然也很喜歡瑤瑤，總給瑤瑤帶好吃的糖果和巧克力。可是，他每次見到瑤瑤都會把她舉得好高好高，還不停地轉圈圈，有時候還讓瑤瑤坐在他的膝蓋上。

　　瑤瑤的頭都快被轉暈了，她覺得大個子叔叔這樣對自己很彆扭，瑤瑤很想對大個子叔叔說自己不喜歡這樣，但是她擔心大個子叔叔會失望。

　　鄰居卷髮阿姨只要在街上見到瑤瑤，都會給她一個熱情的擁抱。

　　可是瑤瑤並不喜歡這樣，因為卷髮阿姨身上的香水味實在是太嗆了，每次瑤瑤只能屏住呼吸，這個滋味可真不好受。對了，她還總是牽着一隻狗，那隻狗一看到瑤瑤就會不友好地亂叫，瑤瑤有點兒害怕。

瑤瑤想告訴卷髮阿姨自己不喜歡這樣的擁抱，可她又擔心這麼說卷髮阿姨會傷心。

還有上一次，瑤瑤和爸爸媽媽去親戚伯伯家做客。伯伯一見到瑤瑤，就把她摟在懷裏，用他粗糙的大手捏了捏瑤瑤的臉，還使勁地親了一口。

天呀！伯伯的鬍子太扎了，還有他身上全是煙味，瑤瑤覺得實在太難受了。

瑤瑤想告訴伯伯自己
不喜歡這樣的親親，可她
想這樣對長輩說話應該是
不禮貌的吧。

還有林林表姐，她特別喜歡和瑤瑤玩撓癢癢遊戲，用又長又尖的指甲在瑤瑤身上胳肢來胳肢去，弄得瑤瑤又疼又癢。

還有樓下超市裏的老婆婆，她長得又高又壯，龐大的身軀就像一堵厚厚的牆，她把瑤瑤抱在懷裏的時候，瑤瑤快喘不過氣來。

……

這些大人真討厭！有時候，瑤瑤真想變成一隻小刺蝟。

15

沒想到，在學校裏，瑤瑤也遇到了同樣的麻煩。

「嗨，瑤瑤，我們一起去操場上玩耍吧！」甜甜一邊開心地說，一邊用手拽了拽瑤瑤的小辮子，甜甜認為這是她和瑤瑤之間特有的打招呼方式。

但是瑤瑤並不喜歡這樣，因為她被甜甜拽得很疼。

瑤瑤想告訴甜甜別這樣，但她又想，如果說了以後甜甜不理睬自己怎麼辦？

有一天，瑤瑤穿了一條漂亮的新裙子，就像一位華麗的小公主。

就在瑤瑤幫老師做事的時候，她的裙子突然被人掀了起來。

「哎呀！」她嚇了一跳，回頭一看，核桃已經吐着舌頭一溜煙地跑開了。這已經不是核桃第一次掀她的裙子了，瑤瑤又害羞又生氣，委屈地哭了起來。

剛巧，小猛獁走進教室，見瑤瑤哭得正傷心，趕忙問道：「瑤瑤，你怎麼了？」

　　「小猛獁，我……剛才核桃又掀我的裙子，他真討厭！」瑤瑤哽咽着說。

　　「是核桃做得不對，他不應該這樣。」

　　「哼，我想變成一隻大刺蝟，身上長滿尖尖的刺，這樣就沒有人敢抱我、親我、欺負我了！」瑤瑤生氣地說，把之前那些不愉快的事情一股腦兒都告訴了小猛獁。

　　「別哭了，瑤瑤，明天我會讓甜甜、核桃跟你道歉，還會教大家一個好方法應付那些不愉快的事情。」小猛獁輕輕地拍了拍瑤瑤的肩膀。

第二天一大早，小猛獁就和老師來到教室裏。

小猛獁拿出三個提線木偶，還在講台上搭了一個小小的幕布舞台。同學們都瞪大眼睛好奇地看着。

「今天我要給大家帶來一個木偶劇。」

「木偶小劇場開始啦！這就是主角：小白兔、小松鼠和小猴子，他們是非常要好的朋友，在學校經常一起玩。可是有一天，他們之間發生了一件讓小白兔很不開心的事情！」小猛獁一邊拉着木偶，一邊說故事。

「這天，小白兔穿了一件特別漂亮的裙子。小松鼠想和她打招呼，就跑過去拽了拽她的耳朵。」

「哎呀呀，真疼呀！」

哈哈哈——小朋友們都笑了。只有甜甜沒有笑，她坐在那裏漲紅了臉。

「小猴子覺得小白兔的裙子特別美，想和她開個玩笑，於是他掀起了小白兔的裙子，還做了個鬼臉。」

「哎呀呀，嗚嗚嗚！」

哈哈哈——小朋友們又笑了，笑得最開心的就是核桃，他覺得自己就是那隻頑皮的小猴子。

「同學們，你們看到小白兔那麼可愛、漂亮，是不是都想上去抱抱她、親親她呢？」

「是——呀——」大家異口同聲地回答。

「可是，如果小白兔不喜歡被抱抱和親親，你們應該怎麼做呢？」

「我們因為喜歡小白兔才去抱她呀！」

「小白兔為什麼不喜歡抱抱呢？真奇怪！」

「對呀，我就很喜歡抱抱呀！我特別喜歡和媽媽抱抱，媽媽身上好香！」

「不知道。」

「如果她不喜歡，那就不抱了吧！」

「那你們覺得小猴子和小松鼠的做法對不對呢？」小猛獁接着問。

「小猴子不對，他不該掀別人的裙子。」

「嗯，小猴子真討厭！」

「他鬧着玩的呀！」

「小松鼠也不對，因為她把小白兔弄疼了。」

……

同學們七嘴八舌地討論起來。

只有瑤瑤、核桃和甜甜不好意思地低下了頭。

我不喜歡！
・扯我耳朵 ✗
・掀我裙子 ✗

我不喜歡！
・扯我尾巴 ✗
・掐我屁股 ✗

「每個人的身體都是屬於自己的，都很珍貴，朋友的身體也和自己的身體一樣珍貴。如果你不經允許就隨便碰朋友的身體，他們就會感到很不開心。」小猛獁嚴肅地說。

我不喜歡！
· 扯我辮子 ✗
· 掀我裙子 ✗

我不喜歡！
· 碰我的臉 ✗
· 推我去女廁所 ✗

小朋友們大吃一驚，都靜了下來。

「所以，我們要學會尊重別人，尊重別的小朋友，可不能像小猴子、小松鼠那樣鬧着玩呢。」

「如果有大人或者其他小朋友想要親親你或抱抱你，只要你不情願，就可以大聲地說『不』。你們聽明白了嗎？」

「明白了！」

「如果你不願意別人親你或者抱你，該怎麼說？」
「我！不！要！」大家的回答特別洪亮。
「真棒！」小猛獁笑着朝同學們豎起大拇指！

「那我們現在讓小松鼠和小猴子向小白兔道歉吧！」
「對不起，以後我再也不那樣做了。」小松鼠說。

「對不起，以後我再也不那樣做了。」小猴子說。

好了，握握手，現在他們又和好了，還是好朋友！

下課後，羞紅了臉的核桃和甜甜趕忙跑過去找瑤瑤。

「瑤瑤，對不起！」

「沒關係，我現在已經不生氣了。」

「請你放心，我們以後再也不那樣做了。」

「我們還是好朋友！」

KA3

不要橫便隨左便我

從那以後，瑤瑤再也不想變成刺蝟了。因為她知道如果遇到不情願的抱抱和親親，她可以變成一隻大嗓門的獅子，勇敢地大聲說「不！」。

43

給家長的話

　　兒童安全十大法則，這十大法則簡單、明瞭、有效，教給孩子實用安全性原則的同時，又不會加劇孩子的恐懼害怕。請講給孩子聽，並請他們牢牢記住！

1. 我知道我的名字和住址，以及父母的名字和電話號碼。

2. 如果在公眾場所和父母走散，我會站在原地大喊，或者向工作人員、警員尋求幫助。

3. 我是身體的主人，我要好好愛惜和保護身體。

4. 泳衣覆蓋的地方是我的私隱部位，是不可隨便讓人撫摸或觀看的。

5. 我要穿衣服遮蔽並保護身體，如廁和洗澡時需把門關上，游泳時也要穿着泳裝。

6. 我要相信自己的感覺，分辨好壞接觸：好的接觸會令人感到舒服及安全，壞的接觸令人感到不舒服、不安、不妥、想停止。

7. 我有權拒絕壞的接觸，拒絕的時候可以大力地搖頭、高呼「不要」、快速走開等，並且將事情告訴自己所信任的成年人，如父母、老師和親人等。

8. 若有人觸摸我的私隱部位後叫我保守秘密，我要立刻告訴信任的大人。

9. 若有人無故給我食物、禮物或金錢，便要馬上拒絕，且讓信任的大人知道。

10. 如果有人說出不尋常的話或作無理的要求，我會拒絕和告訴信賴的大人。

兒童性教育啟蒙故事
別怕！大聲說不可以

作　　者：湖心
繪　　圖：果子
責任編輯：黃花窗
美術設計：張思婷
出　　版：新雅文化事業有限公司
　　　　　香港英皇道499號北角工業大廈18樓
　　　　　電話：（852）2138 7998
　　　　　傳真：（852）2597 4003
　　　　　網址：http://www.sunya.com.hk
　　　　　電郵：marketing@sunya.com.hk
發　　行：香港聯合書刊物流有限公司
　　　　　香港荃灣德士古道220-248號荃灣工業中心16樓
　　　　　電話：（852）2150 2100
　　　　　傳真：（852）2407 3062
　　　　　電郵：info@suplogistics.com.hk
印　　刷：中華商務彩色印刷有限公司
　　　　　香港新界大埔汀麗路36號
版　　次：二〇二二年七月初版

ISBN : 978-962-08-8035-3
Traditional Chinese Edition © 2022 Sun Ya Publications (HK) Ltd.
18/F, North Point Industrial Building, 499 King's Road, Hong Kong
Published in Hong Kong, China
Printed in China

本書繁體中文版由電子工業出版社授權香港新雅文化事業有限公司於香港、澳門及
台灣地區獨家出版、發行及銷售。